AF253537

RAPPORT

SUR

L'ORGANISATION DE L'ACTION CATHOLIQUE

PRÉSENTÉ A L'ASSEMBLÉE GÉNÉRALE ANNUELLE

DU

BUREAU DIOCÉSAIN DES ŒUVRES CATHOLIQUES

Tenue à Angoulême le 11 Octobre 1876

Sous la présidence de Mgr l'Évêque

PAR L'ABBÉ AUGERAUD

Aumônier du Lycée

ANGOULÊME

IMPRIMERIE J.-B. BAILLARGER

RUE TISON D'ARGENCE

RAPPORT

SUR

L'ORGANISATION DE L'ACTION CATHOLIQUE

PRÉSENTÉ A L'ASSEMBLÉE GÉNÉRALE ANNUELLE

DU

BUREAU DIOCÉSAIN DES ŒUVRES CATHOLIQUES

Tenue à Angoulême le 11 Octobre 1876

Sous la présidence de Mgr l'Évêque

PAR L'ABBÉ AUGERAUD

Aumônier du Lycée

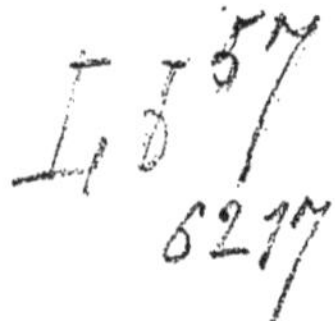

ANGOULÊME

IMPRIMERIE J.-B. BAILLARGER

RUE TISON D'ARGENCE

RAPPORT

SUR

L'ORGANISATION DE L'ACTION CATHOLIQUE

Messeigneurs [1],

Messieurs,

Longtemps la prospérité matérielle et l'ordre maintenu par la force illusionnèrent bien des esprits sur le véritable état de notre pays. Rien ne les éclairait, ni les prédictions des sages, ni les accès de fièvre dont la nation tressaillait de temps en temps.

Mais tout à coup, devançant les prévisions des uns, réveillant les autres de leur aveugle quiétude, la vérité, par une série de catastrophes rapides, désastreuses, est apparue dans sa cruelle réalité.

Nous savons tous maintenant ce que des doctrines trompeuses ont fait de ce beau peuple de France.

Certes il y aurait intérêt à rechercher quels ouvriers ont coopéré à l'œuvre de désorganisation, de décadence, et de déterminer la part de responsabilité qui incombe à chacun. Plus important est-il toutefois de travailler à la guérison du mal qui nous dévore. Et c'est là du reste un devoir auquel nul ne pourrait honorablement et sagement se soustraire : le bon sens, nos intérêts les plus chers, le patriotisme, la charité, Dieu, nous en font une trop stricte obligation.

C'est aussi de nous que le peuple attend son salut. « Que demandez-

---

(1) Mgr Sebaux, évêque du diocèse d'Angoulême, président du Bureau diocésain, et Mgr Freppel, évêque d'Angers.

vous, disait en 1847 un membre de l'Institut à un ouvrier de Lyon qui venait de lui peindre en son langage les misères matérielles et morales de ses semblables, quels remèdes croyez-vous propres à guérir les maux dont vous vous plaignez ? » « Les remèdes...? répartit l'ouvrier, c'est à vous, Monsieur, c'est aux hommes instruits à les chercher, à les trouver : Vous êtes les médecins de la société malade. »

Toujours attentive aux besoins de ses enfants, l'Eglise catholique n'avait pas attendu ce cri de détresse pour offrir les remèdes qui guérissent les nations ; ses évêques, ses prêtres, quelques fidèles étaient héroïques de dévouement. Malheureusement, l'indifférence, la peur, ce préjugé qu'on peut être bon chrétien tout en se désintéressant des choses chrétiennes, empêchèrent la plupart des catholiques de prêter leur concours.

Il suffit de voir cette assemblée et de lire nos programmes pour comprendre qu'une grave transformation s'est opérée. Par la grâce de Dieu, un surcroît de sève chrétienne a coulé dans des âmes généreuses, l'esprit de zèle et de charité surabonde ; il n'est plus un catholique un peu éclairé qui ne veuille, lui aussi, travailler au salut de ses frères. Partout se fondent et prospèrent des Bureaux diocésains, des Comités catholiques, des Comités de Cercles, des Cercles, des Patronages, des Universités catholiques, des écoles. Et l'écho d'un Congrès catholique n'est pas encore éteint que déjà une nouvelle assemblée est annoncée. Et toutes ces institutions n'ont d'autre but que de servir d'auxiliaires à l'Eglise dans l'œuvre de salut qu'elle a la mission de poursuivre.

En même temps que les esprits travaillent l'idée, des essais sont faits partout ; les résultats heureux et les déceptions apportent leur part d'expérience ; l'art de convertir les âmes de notre temps se perfectionne.

Résumer les conclusions pratiques sur lesquelles les vétérans des œuvres catholiques sont d'accord, afin que nous en usions, tel est le sujet de ce rapport, qui sera divisé en trois parties. La première p rtie établira que l'association est la forme d'action la plus puissante ; la deuxième traitera des diverses espèces d'associations ; enfin, dans la dernière, seront exposés les moyens les plus efficaces.

I.

Si c'est à la grâce d'en haut qu'est due toute conversion, il est vrai aussi que d'ordinaire Dieu, pour accomplir son œuvre dans les âmes, réclame un concours humain. Dans le grand dessein qui nous occupe, quelle coopération devons-nous à la Providence ! Nous tromper sur ce point serait grave. Peut-être l'erreur rendrait-elle infructueuse nos plus vaillants efforts, alors que sans peine nous eussions pu, suivant une autre méthode, obtenir les plus rapides et les meilleurs résultats.

Après bien des tâtonnements, des déceptions, des réflexions et l'expérience, les directeurs des œuvres catholiques ont dû reconnaître que la forme féconde pour agir énergiquement et avec persévérance était l'association, une union intime d'hommes liés ensemble pour arriver à un but par la somme des efforts de tous.

Que des forces nombreuses mises en commun obtiennent une supériorité de puissance, la raison le dit, l'histoire le montre. Sous nos yeux n'avons-nous pas des preuves vivantes : l'Internationale, les Trade's Unions d'Angleterre, les syndicats ouvriers qui ne font que de naître et la franc-maçonnerie ; et parmi les œuvres qu'anime l'esprit catholique, en Belgique, la société de Saint-François Xavier, en France, les Conférences de Saint-Vincent de Paul, l'œuvre des Cercles catholiques.

Partout où elle a eu la liberté d'agir, l'Eglise catholique a toujours multiplié les associations de toutes sortes, ordres religieux, confréries, congrégations, réunions pieuses ; partout l'association a été son levier le plus puissant pour le salut des âmes.

L'Eglise catholique elle-même n'est-elle pas une immense association, la plus parfaite de toutes et de fondation divine ?

Pour lever l'étendard de la croix, le porter partout et le faire triompher, des hommes isolés eussent été impuissants ; une armée peu nombreuse d'abord, mais qui toujours victorieuse, enrôlât les vaincus, transformés par son esprit et sa discipline, s'agrandît, remplît le monde et durant les siècles demeurât debout, défendant le dépôt sacré, voilà ce qu'il fallait.

Vous proposerai-je, Messieurs, une nouvelle association en dehors de cette institution divine ? Sainte Eglise, notre mère, vous qui avez converti nos antiques ancêtres les Gaulois et les Francs, vous qui avez nourri notre peuple, l'avez instruit, ennobli, fait grand entre tous, qui le consolez dans les épreuves, vous qui êtes sa seule espérance ! Sainte Eglise notre Mère ! C'est vous qui toujours serez notre force !

Oui, Messieurs, nous resserrerons des liens que les indifférents tendent à relâcher tous les jours. Pour peu que nous ayons étudié le siècle présent, nous avons été frappés par cette cause évidente de l'affaiblissement de la foi, la désorganisation de l'armée catholique à la suite de la Révolution. Certes, l'Eglise de Jesus-Christ ne perdit ni son unité de doctrine, ni son unité de gouvernement, ni sa hiérarchie ; mais dans ses rangs, mélangés avec les vrais enfants de Dieu, il s'en trouva un grand nombre qui n'eurent plus du chrétien que le signe du baptême. Qu'ils eussent franchement attaqué l'Eglise, qu'ils se fussent séparés d'elle, comme les vieilles hérésies, les croyants eussent vu diminuer leur nombre, non leur force ; ils se seraient rapprochés et leur armée compacte eût été invincible. Hélas ! depuis le Jansénisme, la prétention des novateurs a souvent été de vouloir demeurer dans l'Eglise quand même.

Ainsi la société chrétienne, en France, fut-elle composée d'un petit nombre de vaillants dont tous les élans restèrent paralysés dans la défense et l'apostolat, par la masse des mauvaises troupes vendues à l'ennemi, ennemies elles-mêmes. Car ce sont bien des ennemis, ces journalistes, ces romanciers, ces orateurs, ces hommes de tout état et de toute position qui battent sans cesse en brèche l'Eglise et ses enseignements; des ennemis d'autant plus dangereux qu'ils se prétendent amis de la religion, et catholiques selon la bonne mesure et la droite raison, tandis que nous ne serions que des exagérés, dont le peuple a tout à craindre.

C'est pour cela même que bien des fois déjà le successeur de Pierre nous a répété : Unissez-vous et agissez ! Unissez-vous ! Formez une armée ! Messieurs, c'est là une entreprise plus facile que ne le supposent nos adversaires et que nous ne le croyons nous-mêmes. Les cadres de cette armée sont en effet tout préparés ; la hiérarchie sainte les fournit : le Pape, les évêques, les curés.

Il était important, vu la nature humaine, que nous eussions des chefs placés tout près de nous et nous touchant pour ainsi dire. C'est là ce que sont les curés dans les paroisses catholiques. Voulons-nous nous unir ? groupons-nous autour de celui qui, au milieu de nous, est le représentant de l'Eglise ; il sera notre guide et notre force ; nous serons ses soutiens et ses défenseurs ; ensemble nous combattrons vaillamment pour notre foi.

Afin que notre union soit plus ferme encore, formons dans chaque paroisse des associations spéciales pour les différentes catégories de personnes, suivant l'esprit des anciennes confréries. Ces corps d'élite servaient d'appui aux masses et les entraînaient ; ils maintenaient leurs membres, par leurs statuts et usages, dans la pratique des obligations chrétiennes, leur exemple avait aussi une large influence ; enfin, en défendant la confrérie, ils défendaient l'Eglise elle-même. Telles seront encore nos associations paroissiales.

Un historien a dit que les évêques avaient fait la France, et il avait raison. Leur œuvre, depuis, a été en partie détruite ; mais ils sont toujours là ces grands travailleurs de la civilisation ; ils ont encore, et ils ont, seuls, le secret et la force de réparer les ruines, de reconstruire l'édifice, et de lui rendre cette beauté qui frappait les peuples d'admiration et d'étonnement.

A qui sommes-nous redevables de ce qui nous reste de doctrine et de morale, de justice et de charité, d'autorité et de liberté ? N'est-ce point à eux qui n'ont jamais cessé d'enseigner, de défendre la vérité et la justice en même temps qu'ils étaient des modèles de vertu ?

A cause de leur haute intelligence, de leur grandeur morale, de leur zèle ardent et sage, nous devrions les appeler à nous gouverner s'ils n'étaient déjà par l'institution divine les chefs de nos églises.

Tous les vrais catholiques, dans chaque diocèse, devront donc former une association qui se groupera autour de l'évêque, le défendra contre les attaques, le soutiendra dans ses luttes et ses entreprises, travaillera à l'exécution de ses saints projets.

Cette association, elle est créée au milieu de nous, elle grandit, vous la rendrez plus nombreuse et plus forte par vos adhésions ; elle se nomme le Bureau diocésain des Œuvres catholiques (1).

Enfin, à notre tête, à la tête du monde chrétien, nous aurons le meilleur de tous les généraux, le Souverain Pontife, le vicaire de Jésus-Christ, le chef infaillible de l'Eglise. Dans les plus grandes épreuves que jamais peut-être la vérité ait traversées, vous l'avez vu stigmatiser l'erreur, qu'elle sortît de la bouche des grands ou de la plume de l'écrivain. Autour de ce noble vieillard, l'admiration du monde, l'amour de tout homme qui a encore un cœur chrétien dans sa poitrine, qu'il fait beau voir l'univers catholique se presser, les yeux fixés sur ses lèvres augustes, afin de s'élancer à sa voix.

Je résume en quelques mots cette première partie. La forme la plus favorable à une action efficace est l'association. Donc au milieu des masses, qui ne sont catholiques que par le baptême, les vrais croyants se chercheront, se grouperont dans des associations paroissiales d'abord, puis en une association générale diocésaine qui, chez nous, est appelée Bureau diocésain. Et toutes ces associations seront dans le monde l'armée que le Souverain Pontife demandait par ces paroles : Unissez-vous !

II.

Traitons maintenant des diverses associations et des personnes qui doivent faire partie de chacune d'elles.

La société comprend des classes différentes, distinctes par beaucoup de causes, la richesse, les honneurs, le pouvoir, l'instruction,

(1) Dans une lettre adressée tout récemment au Congrès de Bologne et qui ne nous est arrivée qu'après la lecture de ce rapport le Saint Père s'exprime ainsi : « Nous approuvons surtout que la formation des Comités que vous appelez régionaux, soit complétée par les *Comités diocésains et paroissiaux.*

Si en effet, dans le Congrès général on peut déterminer les Œuvres qui seront utiles aux intérêts de l'Eglise on ne peut de la même façon arriver facilement et vite à les mettre en pratique, à moins de les confier à des hommes désignés dans les provinces, les diocèses et les paroisses.

En outre, comme il est impossible que ces œuvres conviennent toutes également à tous, et qu'elles doivent s'adapter aux circonstances, aux caractères et aux nécessités spéciales des différents lieux, il est raisonnable et naturel, pour arriver à une application sage et efficace, de reclamer le concours des hommes du pays. De cette façon, non seulement on obtient un nombre plus grand d'associés et des subsides plus abondants, mais ce qui est encore plus important, au moyen des comptes-rendus envoyés par les Comités paroissiaux et diocésains au Comité régional, et par celui-ci au Comité général, beaucoup de questions s'éclaircissent qui seraient demeurées obscures, et beaucoup provoquent des mesures et des résolutions qui, sans cela, n'auraient pas été prises. »

l'éducation d'une part et de l'autre la pauvreté, le manque de culture intellectuelle, l'absorption de la vie et des forces dans le travail journalier nécessaire pour la nourriture de l'individu et de sa famille.

Les premières s'appellent, pour me servir de mots consacrés par l'économie politique, s'appellent, dis-je, les classes dirigeantes, parce qu'elles ont le devoir de s'occuper des autres moins favorisées des dons de la Providence.

Ç'a été une grave erreur et une faute désastreuse dans les résultats que beaucoup dans les classes dirigeantes aient élevé à la hauteur d'un principe ces mots : chacun pour soi et Dieu pour tous ; abandonnant le soin de patronner le peuple à ceux qui espéraient y trouver un moyen pour leur ambition. Ç'a été une grave erreur puisque, faits pour vivre en société, nous sommes tous unis par une loi de solidarité ; puisque, chrétiens nous, devons être animés de l'esprit de charité, aimer notre prochain comme nous même, et par conséquent refléter dans son âme les lumières dont Dieu nous éclaire.

C'a été une faute désastreuse, car de cet égoïsme il est advenu que, privées de leurs guides naturels, les masses, entraînées à la dérive, sont allées à l'erreur, à l'immoralité, à la haine.

Les classes ouvrières, que certains nomment classes dirigées, ne sauraient guère porter ce nom aujourd'hui puisqu'elles n'entendent plus accepter de direction et que les classes dirigeantes ne se préoccupent que fort peu de les diriger.

Persuader, d'une part, aux uns qu'ils ont charge d'âme vis-à-vis des classes ouvrières ; qu'ils doivent les patronner, les guider ; décider les classes dirigeantes à se mettre immédiatement à cette œuvre : d'autre part choisir parmi les ouvriers, les meilleurs ; les réunir, leur faire sentir les avantages du patronage, les heureux effets de la charité fraternelle, la nécessité de la religion ; les porter à attirer à eux leurs amis ; et ainsi développer l'association parallèlement dans les deux parties de la société, telle est le plan dont nous devons nous inspirer.

Les associations de la classe dirigeante seront de deux sortes, générales et locales.

1° *Associations générales.* — Dans chaque diocèse on plantera près de l'évêque un drapeau sur lequel seront écrits l'un de ces noms : Bureau diocésain, Comité catholique, Union catholique. Autour de lui se grouperont les hommes vraiment catholiques, catholiques fermes de cœur et de conviction profonde. Chaque année, ils se réuniront, comme nous le faisons aujourd'hui, en assemblée générale, pour étudier ensemble les besoins de l'heure présente, les moyens efficaces, pour puiser dans le zèle et la charité qui échauffe toujours une telle réunion, une ardeur de foi et de prosélytisme qui les pousse au saint combat.

Vaillants champions de la vérité et de la vertu, évêques de la sainte Eglise, vous verrez ainsi près de vous une armée de missionnaires qui, s'inspirant de vos pensées et de vos généreux dévouements, iront partout travailler à votre œuvre et selon votre volonté !

Prêtres du Seigneur, vous ne reprendrez pas le chemin de votre paroisse, tristes de ne pouvoir, à cause de votre isolement, réaliser le bien, et pleurant sur la perte de tant d'âmes pour lesquelles vous vous vous sacrifiez tous les jours. Prenez courage ! Désormais, vous aurez l'alliance de tous ces bons chrétiens, décidés à faire aussi l'œuvre de Dieu; non pas en dressant autel contre autel, mais par le concours ardent et sage qu'ils donneront à toutes vos entreprises et par le soin qu'ils mettront à vous défendre contre les attaques impies que les méchants dirigent contre vous afin de paralyser vos nobles et pieux efforts.

Chacun des membres du Bureau diocésain devra se faire une loi d'agir ainsi, d'être le missionnaire de l'idée de l'évêque et du curé. Il devra s'attacher tout spécialement à étendre le Bureau diocésain en gagnant dans les classes dirigeantes de nouveaux adhérents. Pourvu que notre union soit intime, plus nous serons nombreux plus nous serons forts.

Afin de maintenir et de stimuler le zèle, afin de diriger l'action de chacun et de tous, une commission, qui se réunit chaque mois sous la présidence de Sa Grandeur Monseigneur l'évêque. recherche les meilleurs moyens de développer l'œuvre et les communique, par des notes imprimées, à chacun de ses membres, à d'autres même si elle le juge avantageux. Ainsi sont établis des rapports du centre aux extrémités.

Des correspondants zélés choisis dans chaque chef-lieu de canton et ailleurs, selon les circonstances, tant par des lettres qu'en assistant, s'ils le peuvent, tous les trois mois à une réunion de la commission, mettront aussi chacun des points en communication avec le centre.

Enfin, chaque années des congrès généraux rassemblent les délégués de toute la France qui apportent les résultats de leurs réflexions, de leur expérience, et reviennent riches des observations de tous ; observations dont chacun des membres de nos associations diocésaines profitera, tant par les articles publiés dans notre journal religieux que par les rapports qui leur seront adressés directement.

Ainsi constitué le Bureau diocésain reliera doublement les catholiques du diocèse et par leur adhésion aux mêmes statuts et par le même esprit qu'il fera couler en tous, le même ferment qu'il déposera dans les âmes, pour les faire vivre d'une vie toute chrétienne et les rendre actifs à défendre et propager la religion qu'ils aiment d'un si grand amour et qui est le salut du monde.

2° *Associations locales.* — Par lui-même le Bureau diocésain ne fait point les œuvres, son but est d'inspirer à ses membres de les réaliser. C'est pourquoi, si son action est efficace, il se formera dans chaque paroisse un comité d'hommes, organisateur des œuvres, sur le modèle des comités locaux de l'Œuvre des Cercles. Ces comités locaux attentifs à suivre l'impulsion du Bureau diocésain, feront l'application autour d'eux des principes, des moyens indiqués, en s'attachant à entreprendre tout ce qui est raisonnablement possible.

Nous constatons que, selon le droit confirmé par l'expérience, il importe que ce comité ait dans son sein, autant que possible, le curé de la paroisse, ou un prêtre désigné par l'évêque. Cette pratique est celle des Comités des Cercles. M. de La Tour du Pin nous le disait au congrès de Bordeaux : « Laïques : nous n'avons ni le droit ni le désir de nous arroger la mission enseignante ; nous ne sommes que des auxiliaires dévoués. C'est pourquoi il y aura toujours parmi nous, ajoutait-il, un prêtre qui nous dira : vous pouvez entreprendre cela, et dont une seule parole nous arrêterait dans l'exécution de nos projets.»

On le comprend, tandis que le Bureau diocésain prêche la croisade, les comités locaux sont appelés à livrer la bataille.

Heureuse la paroisse dans laquelle se sera organisé un comité local bien déterminé. S'il est nombreux, ce sera un immense avantage ; Mais ne dût-il être composé que de trois personnes, il faudrait le fonder ; il aura encore d'excellents résultats.

Le premier soin de ce comité doit être de former une association de Dames patronnesses dont le rôle sera de soutenir toutes nos œuvres. On sait combien puissante est, au foyer domestique, la voix de la mère de famille. S'appuyant sur son noble cœur, sur sa tendresse et son dévouement, la mère s'élève à une hauteur morale d'où elle commande avec une autorité supérieure.

Par ces Dames patronnesses vous gagnerez bien des époux, bien des fils. Par elles vous obtiendrez des congrégations d'Enfants de Marie dans la classe dirigeante et des patronages de jeunes ouvrières. Plus d'une saura faire de gros sacrifices personnels, plus d'une vous procurera, infatigable quêteuse, des ressources absolument nécessaires.

Cette précieuse association, dans bien des cas, on sera forcé de la créer, souvent aussi elle se présentera organisée d'avance dans l'Association des Mères chrétiennes. Après une entente, bien facile du reste avec le directeur de l'Association, on obtiendra aisément que ces saintes femmes, par leurs prières, déjà anges protecteurs de la famille, complétent leur œuvre en nous donnant un concours actif.

Déjà cet essai a été tenté avec un succès encourageant ; toutes les Associations de Mères chrétiennes qui sont devenues Associations de Dames patronnesses ont acquis un accroissement de vie et un plus grand nombre de membres.

Dans les villes qui abritent des garnisons, il sera aussi nécessaire de former des Associations de Dames patronnesses, connues sous le nom d'Associations de Notre-Dame des Soldats, et dont l'organisation est déjà commencée dans notre ville d'Angoulême.

N'était-il pas juste de se préoccuper d'abord de ces chers jeunes hommes qu'une dure nécessité exile loin du toit paternel, et laisse sans défense contre les tentations de la vie de caserne.

Afin de ne négliger rien de ce qui peut contribuer à la prospérité des œuvres, il sera souvent bon aussi d'établir des sociétés de patrons qui, voulant bien prêter leur concours au comité local, s'efforceront de nous envoyer leurs ouvriers et nous fourniront des ressources pécuniaires.

Enfin le comité local se mettra en rapport avec toutes les autres œuvres catholiques, par exemple Notre-Dame du Salut, Saint-François de Salles, les Conférences de Saint-Vincent de Paul, afin de leur demander leur concours ; il les aidera lui-même de tout son dévouement et travaillera à les fonder là où elles auront chance de vivre.

On le comprend, c'est là toute une organisation des classes dirigeantes dans un but de christianisation générale. — Pourra-t-on demander à tous les comités locaux d'exercer leur action, suivant un aussi vaste plan ! Evidemment, non. Les villes seules sont appelées à compter la série de toutes les associations, tandis que dans les campagnes on devra voir ce qui est possible, avantageux, l'exécuter résolument et avec persévérance ; se borner là.

Occupons-nous maintenant des associations dans la classe ouvrière.

Dans des siècles de foi, il fut possible de ramener d'un seul coup un peuple un instant égaré. Avec le scepticisme et l'irréligion qui règnent aujourd'hui, vouloir convertir ainsi la masse populaire ne serait qu'une vaine tentative. Certes, il n'est pas un de nos frères que nous ayons l'intention d'abandonner. Pour le salut de tous nous donnerions notre vie, si Dieu nous en jugeait digne ; à tous nous sommes entièrement dévoués, surtout aux plus malheureux, à ceux qui sont les plus coupables, les plus éloignés de Dieu. La sagesse cependant nous commande de nous adresser d'abord à ceux qui conservent encore quelques débris des anciennes croyances. Nous les réunirons, nous les fortifierons dans l'unité de foi, d'espérance et de charité. De tout cela il naîtra une force de cohésion et une ardeur de prosélytisme qui les portera à convertir eux-mêmes leurs semblables.

Tous les âges et tous les sexes méritent notre sollicitude, nul ne doit se perdre par notre négligence. Nous aurons donc des associations pour l'homme, la femme, les jeunes gens et les jeunes filles, les enfants à la crèche, à l'école et à l'atelier.

Aux hommes, nous offrirons le Cercle ouvrier avec ses moyens d'attrait, ses avantages économiques, ses cérémonies religieuses, ses enseignements solides pour l'esprit et le cœur ; aux femmes mariées, l'Association des Mères chrétiennes ; aux jeunes filles, la Congrégation des Enfants de Marie et le Patronage chez les sœurs ; aux jeunes garçons le Patronage si attrayant pour eux. Enfin nous ne négligerons rien pour obtenir que les enfants reçoivent toujours dans les écoles une instruction sérieusement chrétienne.

Nous nous adresserons aussi aux chefs d'usines, nous leur rappellerons ce qu'ils doivent de dévouement à leurs ouvriers, nous leur citerons les exemples que donnent dans le Nord et dans l'Est des industriels du plus haut mérite. Nous leur montrerons la paix sociale, l'affection réciproque du maître et des travailleurs dans cette colonie chrétienne qu'on appelle le Val-des-Bois, le val du Sacré-Cœur. A la tête des usines de notre p ys sont placés des hommes loyaux que les misères matérielles, morales et religieuses de leurs ouvriers émeuvent profondément ; il en est même qui déjà ont tenté par des moyens philanthropiques de porter remède à tant de maux ; nous leur offrirons les ressources puissantes de la religion catholique, les seules capables de transformer les peuples, et de les ressusciter à la paix et au bonheur ; nous leur offrirons nos associations* comme le grand moyen de faire pénétrer le catholicisme et par lui la vraie joie dans le cœur de leurs ouvriers.

C'est l'ensemble harmonisé de toutes ces diverses sociétés qui comprennent les patrons, les ouvriers et la famille, avec un comité directeur et ces deux principes, le dévouement de la classe supérieure aux ouvriers et la participation des ouvriers au gouvernement intérieur, sous la direction d'une paternité affectueuse et efficace, c'est cet ensemble qui est reconnu désormais sous le nom de Corporation chrétienne.

Avant de terminer cette seconde partie il est nécessaire de faire une remarque. Dans quelle mesure réaliserons-nous cette organisation ? Evidemment elle ne sera pas la même partout. Dans nos villes, toutes les associations pourront peut-être, suivant le plan exposé et sur le modèle de ce que nous avons admiré dans des cités diverses, se développer dans leur puissant ensemble ; certainement, dans les campagnes, elles ne sauraient prendre une aussi large extension, ni le même caractère. Ce sera le devoir du comité local d'examiner, d'étudier ce qui est possible et de l'exécuter.

III.

Par quels moyens ferons-nous vivre nos associations ? La réponse à cette question est tout l'objet de la troisième partie de ce rapport, hélas ! déjà bien long, mais que malgré notre bon vouloir, il a été impossible d'abréger.

Nos moyens sont de quatre sortes : 1° religieux, 2° intellectuels et professionnels, 3° d'agrément, 4° économiques. Nous allons parler de chacun d'eux.

1° Il est évident que, pour arriver à rendre chrétienne notre société moderne, le Bureau diocésain ou un comité quelconque devra puiser sa vie à lui au cœur de Notre-Seigneur Jésus-Christ. Si nos associations de la classe dirigeante n'étaient pas remplies de l'esprit de foi et de charité elles seraient plus nuisibles qu'utiles. Mais hâtons-nous de parler de l'influence des moyens religieux dans les associations catholiques des classes ouvrières.

M'inspirant toujours de la doctrine prêchée par les Cercles catholiques-ouvriers je dirai, la première personne nécessaire dans un Cercle, un Patronage, c'est un aumônier ; le premier local, une chapelle, à moins que l'église paroissiale puisse en tenir lieu, ce qui sera ordinaire à la campagne, très-rare à la ville.

Dans cette chapelle, l'ouvrier entendra la parole de Dieu, il y apprendra la foi, la morale chrétienne, les moyens que Dieu lui a donnés pour faire son salut. Son esprit sera éclairé et convaincu ; son cœur touché, sa volonté fortifiée. Peu instruit et peu religieux à son entrée dans le Cercle, ce jeune homme. après quelques mois, sera un bon chrétien, voyant la vie telle qu'elle doit être, envisageant l'avenir éternel comme récompense de ses vertus et consolation des misères de l'existence ici-bas.

Qu'on ne croie pas que l'ouvrier soit insensible aux choses religieuses. Si quelques-uns des membres du Cercle cherchent à les éviter, ils ne sont ni très-nombreux ni les meilleurs. Pourvu que les offices, les instructions ne soient pas d'une longueur exagérée, on les suit, on les aime, souvent on les réclame. Enfin l'expérience prouve que les moyens religieux sont parmi les plus puissants pour faire réussir une œuvre.

2° En second lieu donnons les moyens intellectuels, artistiques et professionnels. Eux aussi sont d'une haute importance ; comme ceux dont nous parlerons désormais, ils serviront d'appas pour attirer des hommes indifférents aux choses religieuses.

Dans nos œuvres, il faudra donc une bibliothèque choisie et en rapport avec les besoins religieux, moraux, intellectuels et professionnels des membres. Dans la grande salle du Cercle ou du Patronage, des maîtres habiles réuniront dans des cours du soir ou du dimanche les plus avides de science afin de développer leur instruction ; des conférenciers traiteront aussi des sujets plus élevés sur la religion, l'histoire, l'économie sociale.

Comme cela se fait en maints endroits, à Poitiers en particulier, à la grande œuvre de Notre-Dame des Dunes, tous les ans une exposition offrira à chacun des membres l'occasion de montrer son talent dans sa profession. Le jeune apprenti et l'ouvrier se perfectionneront alors pour qu'au jour des récompenses leur chef-d'œuvre emporte le prix.

Enfin les comités s'efforceront de donner aux ouvriers tous les moyens d'instruction et d'éducation, afin que les membres de nos œuvres, déjà meilleurs chrétiens, soient aussi plus instruits et plus habiles que leurs camarades.

3° Il est à peine nécessaire de dire combien les moyens d'agrément peuvent avoir d'influence favorable. Les habitudes, en notre temps, sont que le plaisir ait une large part dans la vie. Où donc l'ouvrier s'amusera-t-il ?

Un prêtre qui, il y a déjà des années, avait fondé dans la ville du Mans des cours du soir, reprochait une fois à ses auditeurs leurs longues stations au cabaret. Après la conférence, l'un d'eux vint en toute franchise répondre au nom de tous : « Nous comprenons bien, monsieur, disait-il, tous les inconvénients du cabaret, mais si pour vous récréer vous avez votre salon, nous qui avons aussi besoin de nous recréer après les durs travaux de la semaine, comment voulez-vous que nous demeurions dans notre chambre étroite, encombrée, souvent obscure, avec des enfants qui crient. Notre lieu de repos où nous retrouvons nos amis, notre salon à nous, c'est le cabaret.»

Le prêtre répondit : « Si nous vous offrions un lieu de récréation pour passer vos dimanches, y viendriez vous ! »

« Oui, monsieur, dit l'ouvrier. » Et ils tinrent parole ; ils vinrent par centaines au Cercle qui fut immédiatement créé pour eux.

Quant les troubles de 1848 arrivèrent, ces ouvriers continuèrent à le fréquenter comme par le passé. Ils rendaient de l'affection pour l'affection et le dévouement que, jeune prêtre alors, vous leur aviez montrés, Monseigneur (1).

L'ouvrier a donc besoin de se distraire, de se récréer, de s'amuser ; ne négligeons rien pour lui en donner les moyens dans nos œuvres. Qu'on ne dise pas que nous favorisons des habitudes fâcheuses de plaisir. Ces habitudes de plaisir, elles seront satifaites ; si c'est chez nous, selon les lois de l'honnêteté ; si c'est ailleurs, messieurs, vous savez ce qui adviendra.

Musique, théâtre, fêtes, loteries, promenades, jeux et divertissements doivent donc être l'objet des préoccupations de tout directeur d'œuvre, car ce sont de puissants moyens pour rendre son œuvre florissante.

4° Terminons par un sujet des plus importants, trop négligé jusqu'à ce jour, je veux dire l'amélioration de la vie temporelle des ouvriers. « Ceux qui fréquentent l'ouvrier peuvent seuls savoir combien sa vie est pénible, surtout quand il est père de famille. » Ainsi parle M. Léon Harmel ; et tous ceux qui ont vu de près l'ouvrier savent bien que, surtout dans les villes, ces paroles sont l'expression de la vérité.

Si dans plusieurs métiers les salaires sont élevés, il en est beaucoup d'autres qui ne fournissent qu'une rémunération peu en rapport avec le prix toujours croissant des objets de consommation et les nécessités factices du grand nombre. Les femmes, surtout si elles sont obligées de demeurer dans la chambrette pour surveiller les enfants et préparer les repas du mari ne gagnent souvent que quelques sous par jour.

Il faut aussi compter avec les maladies, les chômages, la perte des habitudes d'économie. Souvent enfin avec la misère vient le découragement, et même il n'est pas rare que l'abrutissement suive par l'abus des boissons auxquelles on demande un moment d'oubli.

(1) Mgr Sebaux, alors secrétaire de Mgr Bouvier, évêque du Mans.

Ah ! Messieurs, il est bien beau de donner l'aumône aux pauvres ; il serait plus beau encore d'arrêter tant de malheureux avant qu'ils ne tombent dans la misère.

Certes nous ne pouvons imiter les novateurs. Afin de s'attirer la faveur des classes ouvrières et d'en profiter à satisfaire leur ambition, ils promettent à tous, l'or, les plaisirs, les honneurs, le bien être, le pouvoir ; ils promettent tout cela sachant bien qu'il n'est pas possible de le donner.

Nous, catholiques, disciples de Jésus-Christ, le libérateur, nous resterons dans la limite de la réalité ; nous ne chercherons que ce qu'il est possible d'atteindre, mais nous le chercherons de tous nos efforts. Oui, nous travaillerons à l'amélioration de la vie temporelle de nos frères les ouvriers. S'ils sont malheureux par leur faute, nous les transformerons, selon notre pouvoir ; nous leur apprendrons à être prévoyants et économes. Pour quelques-uns qui ne répondront pas à nos soins, nous ne nous décour_agerons pas. Un jour ou l'autre nous ferons comprendre aux ouvriers honnêtes leurs véritables intérêts.

Dans son Manuel de la Corporation chrétienne, M. L. Harmel, qu'à cause de sa grande autorité en ces matières, nous nous plaisons à citer souvent, range les institutions économiques en six classes ; dans la première on compte tout ce qui a rapport à l'instruction, dans la seconde ce qui a rapport à la famille, dans la troisième ce qui a rapport à la santé, dans la quatrième ce qui a rapport à l'aisance, dans la cinquième ce qui a rapport au travail, dans la sixième ce qui a rapport aux délassements. Par cet ensemble d'institutions l'ouvrier est protégé du berceau à la tombe.

A sa naissance, on lui donne au moins quelques pièces de son trousseau ; il est visité à la nourrice ou à la crèche par les Dames patronesses ; des écoles chrétiennes le reçoivent gratuitement et lui donnent une forte éducation religieuse et une solide instruction, il y est encouragé par des visites, des concours, des prix ; puis les portes du Patronage, du Cercle, des Congrégations s'ouvrent à lui ; jusque dans son atelier il ressent les heureux effets de la protection qui s'est attachée à lui.

Voici le jour du mariage qui approche ; la Corporation se charge de procurer gratuitement toutes les pièces ; plusieurs de ses membres prient à l'église près des jeunes époux. Peut-être même la vertu de la jeune fille est-elle récompensée d'un petit don à mettre dans sa modeste corbeille de noces. Jeune mère, elle sera entourée de soins attentifs et dévoués ; veuve, elle sera dirigée dans la gestion de ses affaires matérielles, soutenue pour élever ses enfants. Qu'elle se sente mourir, elle aura au moins cette consolation : que ses chers petits enfants trouveront dans la Corporation une nouvelle famille et qu'on les instruira dans l'amour et dans la crainte de Dieu en même temps qu'ils apprendront un bon métier pour les faire vivre.

La Corporation procurera aussi des logements sains ; des médecins et des médicaments pendant la maladie ; des hôtelleries chrétiennes pour le voyageur ; du travail à l'ouvrier qui n'en a pas ; des secours pendant le chômage. On organisera des caisses d'épargne, des sociétés de secours mutuels ; on répandra l'usage des assurances sur la vie. Nourriture, vêtements seront obtenus pour tous les membres des associations à des prix inférieurs aux cours. Enfin les fêtes solennelles de la Corporation et des diverses Associations seront célébrées avec un grand éclat, rassemblant dans une même joie toutes les classes de la société.

Voilà l'idéal, messieurs. Est-il réalisable ? Oui, car il est réalisé. Je l'ai vu et admiré au Val-des-Bois. Mais cet idéal est-il réalisable au dehors de cette colonie céleste ? L'œuvre des Cercles catholiques l'a cru, et, sous la conduite de son éloquent secrétaire général, le comte Albert de Mun, elle a tenté l'entreprise. Ferme dans les grands principes et les méthodes que nous venons d'exposer, elle en fait l'application sur une échelle plus ou moins large selon les circonstances de lieux, de ressources et de personnes. Le succès couronne ses efforts.

Mais enfin cet idéal est-il réalisable au milieu de nous, dans ce diocèse ? — Ne nous berçons pas de vaines illusions, sachons, messieurs, envisager la vérité de face quelque pénible qu'elle soit à nos cœurs. Eh bien ! non, nous ne pouvons pas compter atteindre si haut tout d'un coup, nous sommes trop loin de cette admirable perfection. Avec le temps cependant, le travail, la grâce de Dieu, nous monterons par degrés. Si nous étions plus forts, si les éléments étaient moins défavorables, nous tenterions beaucoup ; parce que la tâche est difficile, parce que nous sommes relativement peu nombreux, parce que les ressources manquent, nous serons prudents, nous irons avec une sage lenteur, nous n'entreprendrons nos œuvres qu'une à une ; un comité local d'abord s'il est possible, et après, ici un cercle, modeste assurément ; là un patronage ou une réunion du soir, ailleurs une petite œuvre paroissiale ou une Conférence de Saint-Vincent de Paul. Enfin, chacun dans la limite de notre pouvoir, nous copierons une petite partie du modèle. Et qui sait si un jour (Dieu est si bon et si puissant) le succès ne dépassera pas nos humbles espérances !

Courage donc, messieurs ! Il faut qu'en nous voyant à l'œuvre, à notre affection, à notre dévouement les ouvriers se disent : ces hommes nous aiment ; ils veulent notre bien ; marchons avec eux sous la même bannière. Alors les étendards du Christ flotteront triomphants sur la France, et nous serons heureux et grands parce que nous serons chrétiens.

Angoulême. — Imp. J.-B. BAILLARGER, rue Tison d'Argence.

www.ingramcontent.com/pod-product-compliance
Lightning Source LLC
Chambersburg PA
CBHW051438060726
47596CB00006B/2550